Rüdiger Fröhlich/Jörn Hinrichsen/
Christina Rath/Andreas Safft

Elf unfassbare Geschichten über den FC Bayern

Zu diesem Buch

Wussten Sie, dass Nordkorea den Wechsel von Franz Beckenbauer zu Inter Mailand verhindert hat? Kennen Sie die unglaubliche Geschichte, als ein falscher Uli Hoeneß einen „Granaten-Deal" für den FC Bayern perfekt gemacht hat? Oder die Story um Helmut Winklhofers 35-Meter-Eigentor, das zum Tor des Monats gewählt wurde? Erinnern Sie sich an die 102 Sekunden, als dem FC Bayern auf schreckliche Weise der Champions-League-Titel entrissen wurde? Wussten Sie, dass ein Talent aus der Fußballprovinz Uelzen einer der erfolgreichsten Kicker der Münchner war? Erinnern Sie sich an die Floßfahrt, als der erste FCB-Brasilianer Bernardo wegen angeblicher Krokodile in der Isar um sein Leben schwamm? Nein? Dann sollten Sie sich dieses Büchlein mit elf unfassbaren Geschichten über den FC Bayern nicht entgehen lassen...

Das Buch liefert zu den unglaublichen Storys der Münchner interessante Statistiken sowie QR-Codes mit Video-Links, die das FC-Bayern-Buch zusätzlich „lebendig" machen.

Rüdiger Fröhlich/Jörn Hinrichsen/
Christina Rath/Andreas Safft

Elf unfassbare Geschichten über den FC Bayern

Bibliografische Information:
Die Deutsche Bibliothek verzeichnet diese Publikation in der Deutschen Nationalbiografie; detaillierte bibliografische Daten sind im Internet unter http://dnb.ddb.de abrufbar.

Februar 2024
© 2024 Rüdiger Fröhlich, Jörn Hinrichsen, Christina Rath, Andreas Safft
Herstellung und Verlag: BoD - Books on Demand, Norderstedt
Umschlaggestaltung: Rüdiger Fröhlich

Titelfoto: Leeminjoon / Pixabay
Printed in Germany: ISBN 9783758329128

Inhaltsverzeichnis

Wie Nordkorea verhinderte, dass Franz Beckenbauer den FC Bayern verließ

Von Rüdiger Fröhlich

Es war ein Schicksalsspiel, am 26. September 1965 im Rasunda-Stadion in Stockholm: Deutschland musste die Schmach vom WM-Aus 1962 im Viertelfinale in Chile gegen Jugoslawien auswetzen. Mit dabei im Hexenkessel in Schweden: der junge Franz Beckenbauer vom FC Bayern. „Ich war selbst überrascht von meiner Nominierung", sagte Beckenbauer, der erst sechs Bundesligaspiele für den Aufsteiger München absolviert hatte. Mit Helmut Haller und Wolfgang Overath fielen zwei wichtige Stützen des deutschen Teams aus, so dass Trainer Helmut Schön zwei Neulinge aus München berief: den grandiosen Spielmacher von 1860, Peter Grosser, und eben Beckenbauer. Deutschland siegte mit Franz Beckenbauer im Rasunda-Stadion mit 2:1 durch Treffer von Werner Krämer (45.) und Uwe Seeler (54.) und qualifizierte sich damit für die Weltmeisterschaft 1966 in England.

Bei der WM 1966 in England geht dann Beckenbauers Stern am Fußball-Himmel endgültig auf: Mit nur 20 Jahren spielte er ein überragendes Turnier. Als defensiver Mittelfeldspieler erzielte Beckenbauer gleich im ersten Weltmeisterschaftsspiel gegen die Schweiz (5:0) zwei Tore. Der junge deutsche Nationalspieler bewertete seine Position sehr offensiv, belegte bei der WM mit insgesamt vier Treffern den dritten Platz in der Torschützenliste. Im legendären Finale gegen England mit dem Wembley-Tor wurde Franz Beckenbauer als Sonderbewacher des englischen Superstars Bobby Charlton eingesetzt. Später stellte sich heraus, dass Charlton den gleichen Auftrag hatte. Er sollte als Sonderbewacher Beckenbauer ausschalten, beide neutralisierten sich schließlich und England siegte mit 4:2 nach Verlängerung durch das umstrittenste und gleichzeitig berühmteste Tor der Fußball-Geschichte.

Franz Beckenbauer hat in seiner Karriere fast alles erreicht. Der „Kaiser" wurde als Spieler (1974) und Trainer (1990) mit Deutschland Weltmeister. Mit dem FC Bayern München wurde er dreimal Pokalsieger der Landesmeister (1974 – 1976) und insgesamt fünf Mal Deutscher Meister (1969, 1972, 1973 und 1974 mit München, 1982 mit dem HSV) sowie vier Mal DFB-Pokalsieger (1966, 1967, 1969 und 1971 mit dem FCB). Mit dem FC Bayern holte er zudem den Weltpokal (1976) sowie den Europapokal der Pokalsieger (1967). Als Spieler wurde er zudem Europameister (1972), als Trainer mit dem FC Bayern Deutscher Meister (1994) und UEFA-Pokalsieger (1996) sowie mit Olympique Marseille französischer Meister (1991). Ein großer Traum ging für Franz Beckenbauer jedoch nicht in Erfüllung.

Vor der Weltmeisterschaft 1966 hatte sich Franz Beckenbauer entschieden, den FC Bayern zu verlassen und ins Fußball-Paradies Italien zu wechseln. Er unterschrieb als 20-

Jähriger einen Vertrag bei Inter Mailand. „Vor allem das San-Siro-Stadion mit 100.000 Zuschauern hat mich beeindruckt", so Beckenbauer in einem Interview. "Eine Atmosphäre, wie man sie in Deutschland noch nicht kannte. Das hat mich so fasziniert - ich wäre auf alle Fälle gegangen."

Beckenbauer sollte bei Inter die damals unglaubliche Summe von einer Million D-Mark pro Jahr verdienen. Unmittelbar vor der WM – was im Juli 1966 noch keiner wusste – hatte der junge deutsche Nationalspieler mit Mailand eine Einigung über den Vertrag erzielt. Alles war klar, bis eine der größten Fußball-Blamagen aller Zeiten den sicheren Deal doch noch platzen ließ.

Nordkorea schlug bei der WM 1966 völlig sensationell Italien mit 1:0. Gegen den größten anzunehmenden Außenseiter schied die „Squadra Azzurra" aus. Das Tor gegen Italien schoss ein nordkoreanischer Zahnarzt, Pak Doo-Ik (42.). In Rom ging die Welt unter. „Unser Land weint", erklärte Italiens Fußball-Legende Vittorio Pozzo. „Der Zerfall des römischen Reiches war nichts gegen diesen Untergang der Nationalmannschaft."

Dieses unfassbare Debakel der italienischen Nationalmannschaft hatte dann auch persönliche Konsequenzen für Franz Beckenbauer. Italien untersagte Transfers von ausländischen Spielern, um die Nationalmannschaft wieder zu stärken. „Und mein Vertrag war damit geplatzt", sagte Beckenbauer enttäuscht. „Das war so eine Blamage, ich wäre gerne gegangen." So blieb der „Kaiser" noch elf sagenhafte

Jahre beim FC Bayern und feierte großartige Erfolge mit München. „Gott sei Dank bin ich auch ohne die Millionen von Inter glücklich geworden", erklärte Franz Beckenbauer.

Der „Kaiser" starb am 7. Januar 2024 in Salzburg (Österreich) und wurde im Grab seiner Eltern auf dem Friedhof am Perlacher Forst in München beigesetzt.

Statistik zu Franz Beckenbauer:

Geboren: 11. September 1945 in München; † 7. Januar 2024 in Salzburg
455 Bundesligaspiele (60 Tore) für Bayern München und den Hamburger SV
103 Länderspiele (14 Tore)
Erfolge als Spieler: Weltmeister 1974, Vize-Weltmeister 1966, Europameister 1972, Vize-Europameister 1976, Europapokal der Landesmeister 1973/74, 1974/75, 1975/76, Weltpokal 1976, Deutscher Meister 1971/72, 1972/73, 1973/74, 1981/82, DFB-Pokal-Sieger 1970/71
Erfolge als Trainer: Weltmeister 1990, Vize-Weltmeister 1986 (Deutsche Nationalmannschaft), UEFA-Pokal-Sieger 1995/96, Deutscher Meister 1994 (FC Bayern München), Französischer Meister 1991 (Olympique Marseille)

BR24Sport-Video in der ARD-Mediathek: „Das war der Kaiser"

Depp – Welttorhüter – Serienstar

Von Jörn Hinrichsen

Ich war gerade 14 geworden und tief enttäuscht mit der Schande von Gijon von der WM 1982 aus Spanien zurückgekehrt. Der HSV war Meister geworden – ja, das gab es damals noch – Happel als Trainer, ein gewisser Beckenbauer in der Abwehr, Hrubesch, Magath, Kaltz und Co ebenfalls auf dem Platz. Bayern hatte die Saison mit 11! Niederlagen und 20 Siegen auf Platz 3 abgeschlossen, im Tor ein gewisser Manfred Müller, der wie Walter Junghans nie ein würdiger Nachfolger von Sepp Maier geworden war. Ein neuer Mann musste für den Posten zwischen den Pfosten gefunden werden. Am besten mit Charisma und Weltniveau.

Fündig wurde die Führungsriege schließlich in Belgien und präsentierte den 29-jährigen Jean-Marie Pfaff vom SK Beveren. Dieser hatte 1980 im belgischen Tor gestanden, als Deutschland mit einem 2:1 gegen eben diese Belgier Europameister wurde. Dazu war er belgischer Meister (1979), belgischer Pokalsieger (1978) und Fußballer des Jahres (1978). Bei der WM 1982 in Spanien stand er alle drei Gruppenspiele im Tor (Gruppensieger), konnte aber in der Zwischenrunde nicht mehr eingesetzt werden, da er sich verletzt hatte. (Gruppenletzter). Pfaff war also ein Mann mit internationaler Erfahrung und sollte endlich die große Lücke des verunfallten Sepp Maier schließen. Die knapp eine Million D-Mark Ablöse ließ die Erwartungen umso höher steigen, wenngleich es nicht wenige Kritiker bei der Verpflichtung gab. Beveren war ein kleiner Verein, spielte vor 7000 Zuschauern und galt nicht als der Nabel der Fußballwelt.

So fieberte nicht nur Uli Hoeneß dem 1. Spieltag am 21. August 1982 entgegen, sondern auch alle Fußballexperten, die Fans und natürlich ich. Als norddeutscher Junge, 20 Minuten vom Volksparkstadion aufgewachsen, hatte ich mich nie zum HSV-Fan durchringen können. Zu kritisch war das Publikum, welches bei Rückstand schon mal ab der 60. Minute das Stadion verließ. Meine Fan-Heimat hatte ich zuerst beim VfB Stuttgart gefunden, um dann bei den Bayern bis heute hängenzubleiben. Wir hatten keinen Fernseher zu Hause, da meine Eltern uns ohne TV erziehen wollten, und so musste ich immer zu meinem besten Freund und Nachbarn gehen, wollte ich die Sportschau sehen. Sein Vater und er waren nahezu fanatische Werder-Bremen-Fans, in Delmenhorst aufgewachsen. Und ich weiß es noch wie heute, wie wir im Wohnzimmer vor dem Fernseher saßen, und auf das Duell Werder gegen Bayern warteten. Die Bremer unter Otto Rehagel immer eine Top-Mannschaft und erstmalig mit Rudi Völler in der Startelf. Bei den Münchenern im Tor Jean-Marie Pfaff, dazu Breitner, Rummenigge, Augenthaler, Dieter Hoeneß und weitere Stars. Mit der Mannschaft konnte gar nichts schiefgehen.
Ging es aber.

In der 43. Minute nahm sich Uwe Reindes in der Nähe der Eckfahne mit nur einer Hand den Ball zum Einwurf, nahm Anlauf und warf den Ball dann mit beiden Händen regelkonform bis in den 5-Meter Raum. Pfaff sprang dem Ball entgegen, berührte ihn mit einer Hand von unten und ließ ihn so ins Tor fliegen. Hätte er ihn nicht touchiert, dann hätte das Tor nicht gezählt und man wäre mit einem 0:0 in die Pause gegangen.

Das Spiel endete mit 0:1 aus Sicht der Bayern und der Einstand des belgischen Nationaltorhüters war gründlich verpatzt. Die Kritiker sahen sich bestätigt, Uli Hoeneß hatte ein paar schlaflose Nächte und die Fans, auch ich, waren entsetzt. Noch lange musste ich mir die Kommentare meines Freundes anhören, was wir denn da für einen Fliegenfänger gekauft hätten. Zum Glück blieb es bei diesem einen Patzer und das nächste Spiel wurde daheim mit 1:0 gegen Fortuna Düsseldorf gewonnen.

Pfaffs Leistungen wurden besser und so langsam wurde auch klar, dass er ein echter Charakter ganz im Stile von Sepp Maier war. 1983 wurde letztmalig der HSV deutscher Fußballmeister, punkgleich vor Werder Bremen, Rudi Völler wurde mit 23 Treffern in seiner ersten Bundesligasaison Torschützenkönig, Stuttgart Dritter und Bayern nur Vierter. Pfaff sagte später einmal, dass ihn dieses Malheur nur noch mehr angestachelt habe, es allen zu zeigen und habe ihn nur noch bekannter werden lassen. Er sollte recht behalten. 1984 und 1986 deutscher Pokalsieger, 1985 bis 1987 dreimal deutscher Meister, 1987 im Finale der Landesmeister (verloren gegen Porto), 1983 und 1987 DFB-Supercup-Sieger. Mit der belgischen Nationalmannschaft wurde Pfaff 1986 Vierter bei der WM in Mexiko und zum ersten Welttorhüter 1987 ausgezeichnet. Seine Leistungen machten ihn zum Fanliebling der bayrischen Fans und sein Song „Ich war ein Belgier und jetzt bin ich ein Bayer" tat sein Übriges dazu. Mit 35 Jahren und 201 Einsätzen für den FC Bayern München wechselte Pfaff 1988 zurück nach Belgien zu Lierse SK, um nach einem Jahr noch eine Saison bei Trabzonspor zu spielen. In beiden Spielzeiten war er häufig verletzt und beendete seine aktive Karriere 1990.

Und was macht ein ehemaliger Weltfußballer, nachdem er nicht mehr Fußball spielt? Er wird Trainer (eine Saison bei Oostende), arbeitet bis heute als Experte im Fernsehen bei Fußballübertragungen, versucht sich als Manager bei Beerschot AC oder hat eine eigene Doku-Soap „De Pfaffs" mit 11 Staffeln und 267 Folgen. Das Leben seiner Großfamilie brachte regelmäßig über zwei Millionen Zuschauer vor den Fernseher. 2021 erschien seine Autobiographie „Mein Leben – Vom Straßenfußballer zum Welttorhüter". Noch heute ist der charismatische Torhüter dem FC Bayern verbunden, besucht mit seiner Familie regelmäßig das Oktoberfest und wer weiß, wie alles verlaufen wäre, wenn er den Einwurf einfach ohne Berührung ins Tor hätte fliegen lassen...

Statistik zu Jean-Marie Pfaff:

Geboren: 4. Dezember 1953 in Lebbeke (Belgien)
156 Bundesligaspiele für Bayern München
64 Länderspiele für Belgien
Erfolge als Spieler: Vierter Weltmeister 1986, Vize-Europameister 1980,
Deutscher Meister 1985, 1986, 1987, DFB-Pokal-Sieger 1984, 1986, Belgischer Meister 1979 und Belgischer Pokalsieger 1978 (jeweils mit SK
Beveren)

Das Tor im Video von Sport 1 und Pfaffs Erklärung dazu:

Wie ein falscher Uli Hoeneß einen „Granaten-Deal" für den FC Bayern perfekt machte

Von Rüdiger Fröhlich

Es war ein Sonntag, genau der 30. August 2015. An diesem Tag ereignete sich die vermutlich unfassbarste Transfer-Geschichte im deutschen Fußball: Bayern-Kaderplaner Michael Reschke hatte auf Wunsch von Trainer Pep Guardiola einen zweijährigen Leihvertrag mit Juventus Turin ausgehandelt, damit das damalige Supertalent Kingsley Coman für eine Gebühr von sieben Millionen Euro zum FCB kommt – mit einer Kaufoption über 21 Millionen Euro. Nun saß Reschke mit Katia und Christian Coman, dem Anwalt von Kingsley Coman und mehreren Beratern aus Italien und Frankreich in einem Raum in der Bayern-Zentrale an der Säbener Straße, aber die Verhandlungen stockten. Es kamen immer mehr und neue Forderungen hinzu. „Ich wusste, dass das Fass irgendwann überlaufen kann", erklärte Michael Reschke im Sport-1-Podcast. „Ich musste irgendwann sagen: Jetzt ist Ende. Es gibt keinen Euro mehr."

Der Kaderplaner des FC Bayern war verzweifelt – der sicher geglaubte Deal schien zu platzen. Reschke verließ kurz den Verhandlungsraum, aber an dem Sonntag war das FCB-Gebäude verwaist. Wie sehr wünschte er sich jetzt einen harten Verhandlungspartner wie Uli Hoeneß herbei? Plötzlich kam ihm Mediendirektor Stefan Mennerich entgegen – und Reschke die unglaubliche Idee.

Michael Reschke besprach sich kurz mit Mennerich, stürzte dann zurück in das Verhandlungszimmer und erklärte, dass er zum Glück doch noch Uli Hoeneß erreicht hätte und präsentierte den Mediendirektor als den mächtigen Bayern-Präsidenten. Der falsche Uli Hoeneß teilte den Eltern des Linksaußen, dem Anwalt und den vielen Beratern mit, dass er aber nur fünf Minuten Zeit hätte. Bei der ersten Forderung haute der Hoeneß-Doppelgänger entschieden auf den Tisch und sagte entschlossen: „No, No!" Und dieses Spiel wiederholte sich bei jeder neuen Forderung – ein deutliches „No, No!" und ein lautes Donnern auf den Tisch. Schließlich stimmten die Berater und der Coman-Anwalt dem ursprünglich mit Juve vereinbarten Zwei-Jahres-Leihvertrag mit Kaufoption tatsächlich doch noch zu.

Mediendirektor Mennerich soll sich königlich über seine fünf Minuten als Bayern-Präsident amüsiert haben. „Es war ein Granaten-Deal für Bayern", sagte Michael Reschke später dem „Kicker". Noch unglaublicher ist diese unfassbare Bayern-Geschichte auch deshalb, weil Uli Hoeneß zu der Zeit wegen Steuerhinterziehung von 28,5 Millionen Euro in der JVA Landsberg im Gefängnis saß, allerdings zu der Zeit des irren Vertragspokers als Freigänger. Nur zum Schlafen musste die Bayern-Ikone wieder hinter Gitter. Zudem war Hoeneß zu der Zeit gar nicht Bayern-Präsident, sondern Karl Dopfner.

Kingsley Coman wurde kurz nach seiner Verpflichtung vom FC Bayern, genau am 13. November 2015, französischer Nationalspieler und bestritt 55 Spiele (8 Tore) für die „Equipe Tricolore". Sein Marktwert wurde im Februar 2024 auf 65 Millionen Euro beziffert – daher kann Reschke den Transfer zu Recht als „Granaten-Deal" bezeichnen.

Coman gelang zudem das unglaubliche Kunststück, dass er in seiner Profi-Karriere immer Meister wurde. Die Super-Serie begann, als er im Jahr 2013 als 16-Jähriger mit Paris St. Germain den Titel in Frankreich gewann. Auch 2014 holte er mit PSG die französische Meisterschaft. Von dort wechselte er zu Juventus Turin – und wurde prompt italienischer Meister. Mit dem FC Bayern setzte der Franzose diese sagenhafte Serie fort und wurde von 2016 bis 2023 jedes Jahr deutscher Meister – acht Mal in Folge. 2020 holte Kingsley Coman zudem mit Bayern das Triple, wobei er im Champions-League-Finale gegen seinen Jugendclub Paris St. Germain das entscheidende Tor erzielte. In 277 Spielen für die Münchner erzielte Coman 63 Treffer und bereitete 65 Tore vor. Sein Vertrag beim FC Bayern läuft noch bis zum 30. Juni 2027 – genug Zeit, um seine Super-Meister-Serie auszubauen und dem falschen Uli Hoeneß in der FCB-Geschäftsstelle nochmals für sein unerbittliches „No, No!" zu danken.

Statistik zu Kingsley Coman:

Geboren: 13. Juni 1996 in Paris (Frankreich)
197 Bundesligaspiele (41 Tore) für Bayern München*
55 Länderspiele (8 Tore) für Frankreich*
Erfolge als Spieler: Vize-Weltmeister 2022, Vize-Europameister 2016,
Champions League Sieger 2020, Deutscher Meister 2016, 2017, 2018,
2019, 2020, 2021, 2022, 2023, DFB-Pokal-Sieger 2016, 2019, 2020, Italienischer Meister 2015, 2016, Italienischer Pokalsieger 2015 (jeweils mit
Juventus Turin), Französischer Meister 2012 und 2013 (jeweils Paris
Saint Germain)

*noch aktiv (Stand: 9. Februar 2024)

**Video FC Bayern TV: Gänsehautmoment – Coman köpft den FC Bayern
zur Glückseligkeit (Champions-League-Sieg 2020 gegen Paris)**

Tabubruch bei der ARD erzürnt den FC Bayern München

Von Jörn Hinrichsen

Klaus Augenthalers 50-Meter-Schuss, Klaus Fischers Fallrückzieher, Zlatan Ibrahimović' Flugeinlage oder Jay-Jay Okochas Traumsolo durch die Bayern Abwehr mit Abschluss gegen Oliver Kahn. Wer schaut nicht gerne das Tor des Monats in der ARD? Da gab es in der 44-jährigen Geschichte jede Menge unfassbare Fußballkunst zu bewundern und so manche Rekorde zu bestaunen.

Es war der erste Spieltag der Saison 1985/86 als Bayern München als amtierender Deutscher Meister beim Deutschen Pokalsieger Bayer Uerdingen antreten musste, die das Pokalfinale eben gegen jene Bayern zweieinhalb Monate zuvor sensationell mit 2:1 gewonnen hatten. Das Spiel hatte zwar Torchancen, Uerdingen war das aktivere Team, aber wäre als wenig spektakuläres 0:0 in die Bundesligaanalen eingegangen, wenn da nicht Helmut Winkelhofer und die 30. Spielminute gewesen wären. Uerdingens Stürmer Lárus Guðmundsson missglückte eine Ballannahme circa 30 Meter vor dem gegnerischen Tor, der Ball sprang ihm vom Fuß auf den bayrischen Verteidiger zu, der den Ball wohl über das lange Bein des Stürmers lupfen wollte, allerdings viel zu scharf. Da Torhüter Jean-Marie Pfaff auf Höhe der 5-Meter-Linie stand, flog das Geschoss unhaltbar über ihn unter die

Latte des Tores zum 0:1. Dieses Eigentor war gleichzeitig der Endstand des Spiels und Bayer Uerdingen sollte sensationell Dritter in dieser Spielzeit werden und mit dem 7:3 über Dynamo Dresden zudem auch noch Europapokal-Geschichte schreiben.

Ein Eigentor, na und, könnte man sagen. Schließlich fielen regelmäßig welche und die Bayern hatten mit Kaiser Franz einen der besten dabei. 4 Treffer ins eigene Tor ist Rekord in München und niemand redet darüber. Das Besondere an Helmut Winkelhofers Tor ist der Vorschlag zum Tor des Monats. Ein ziemlich ungehöriger Vorgang, da es einen Tabubruch darstellte. Noch nie war ein Eigentorschütze nominiert und somit der Lächerlichkeit preisgegeben worden. So passierte, was passieren muss. Das Tor wurde von den Zuschauern gewählt und die ARD hatte ein Novum. Der Schütze später im Interview: *»Uns war allen klar, dass das Eigentor nur deshalb nominiert worden war, weil es jemand vom großen FC Bayern erzielt hatte. Es ging vor allem um die Schadenfreude.«*

So ganz Unrecht hat der Junioren-Weltmeister von 1981 damit nicht. Wer weiß, ob die ARD einen Spieler von Uerdingen nominiert hätte, wenn die Bayern damit 1:0 gewonnen hätten oder warum standen die Rekordeigentorschützen Kaltz (HSV) und Noveski (Mainz 05), jeweils sechs Treffer, nie zur Auswahl, wobei der letztere sogar das Kunststück fertig brachte, innerhalb von sechs Minuten zweimal ins eigene Tor zu treffen. Hoeneß war jedenfalls not amused, wie die Engländer sagen. „Verarschen kann ich mich selber." Er verbot den eingeladenen Pfaff und Winkelhofer die Teilnahme an der Ehrung. Natürlich war die Kritik groß und viele hielten es mit der ARD. „Humor ist, wenn man trotzdem lacht", hieß es. Aber ist das Tor des Monats nicht ein ernsthafter Wettbewerb, über dessen Gewinn ein Spieler sich freut, so wie Lukas Podolski, der diese Auszeichnung ganze zehnmal erhielt?! Vielleicht waren aber auch alle anderen Tore in diesem Monat einfach nur langweilig und das Tor von Winkelhofer wirklich das Beste. Den 140-fachen Bundesligaspieler für Bayern München und Bayer Leverkusen hat es in jedem Fall berühmt gemacht, wahrscheinlich berühmter, als wenn er es auf der anderen Seite erzielt hätte.

Die umstrittene Medaille erhielt er schließlich doch noch von Eberhard Stanjek, dem Sportchef des Bayerischen Rundfunks, der ihm das umstrittene Objekt auf der Weihnachtsfeier der Bayern in Leutstetten einfach auf den Tisch legte. Heute kann Helmut Winkelhofer über das Tor lachen, die Geschichte hat er tausendfach erzählt, die Medaille liegt bei ihm im Büro in einer Schatulle. Außerdem sind er und Frank Rohde (Hertha BSC Berlin) die beiden einzigen Spieler, denen diese zweifelhafte Ehre zuteilwurde. Vielleicht hat die ARD aber auch unbewusst die Meisterschaft dadurch entschieden. Am vorletzten Spieltag spielten die Bayern bei Werder Bremen und der Bremer Michael Kutzop musste bei 2 Punkten Vorsprung den Ball nach einem Handspiel aus nur elf Metern ins Tor von Jean-Marie Pfaff schießen, um die

Grün-Weißen zum Meister zu machen. Der Rest ist Geschichte. Kutzop scheiterte am Pfosten, das Spiel endete
0:0. Bremen verlor in Stuttgart, Bayern gewann zu Hause gegen Gladbach mit 6:0, stand erstmalig in dieser Saison auf
Platz 1 und verteidigte den Titel. Ganz frei nach dem Motto
„Wer den Schaden hat, muss für den Spott nicht sorgen!"

Statistik zu Helmut Winkelhofer:

Geboren: 27. August 1961 in Fürstenzell
140 Bundesligaspiele (8 Tore) für Bayern München und Bayer Leverkusen
Erfolge als Spieler: Deutscher Meister 1986, 1987. 1898, 1990, DFB-
Pokal-Sieger 1982, 1986 (jeweils mit dem FC Bayern München)

**Sportschau-Video: Tor des Monats August 1985 (Helmut Winkel-
hofer/Eigentor)**

Latteks Ziehsohn, Heynckes' Schicksal

Von Andreas Safft

Sechs deutsche Meisterschaften feierte Udo Lattek mit dem FC Bayern München, zwei zudem mit Borussia Mönchengladbach – damit wurde die Trainerlegende erfolgreichster Coach im deutschen Vereinsfußball. Dabei startete Lattek 1965 nicht etwa auf der Bank eines Spitzenclubs durch, sondern in Diensten des DFB als Trainer der Jugendnationalmannschaft. Hier begegnete er auch einem Talent aus der Fußballprovinz Uelzen, dessen Weg er entscheidend beeinflussen sollte: Rainer Zobel.

Dreimal deutscher Meister, dreimal Sieger im Europapokal der Landesmeister, einmal Pokalsieger, diese Erfolge feierte Zobel mit den Bayern. Vor allem der Triumph 1974 im Wiederholungsspiel gegen Atletico Madrid war untrennbar mit seinem Namen verbunden. Der defensive Mittelfeldmann machte in Brüssel das Spiel seines Lebens. Er feierte den Triumph, indem er sich den Henkelpott bei der Siegerehrung frech auf den Kopf setzte – ein Foto, das um die Welt ging. Trainer damals: Udo Lattek.

Doch die Wege der beiden kreuzten sich schon sieben Jahre früher. Im Alter von 18 Jahren hatte Zobel erstmals eine Einladung zu einem DFB-Sichtungslehrgang erhalten. Richtig schlau wurde Lattek aus dem Talent vom SC 09 Uelzen nicht. „Immer, wenn du zu Lehrgängen kommst, habe ich den Eindruck, du hast alles verlernt. Und nach ein paar Tagen bist du wieder ganz der Alte", zitiert Autor Breitschuh den Trainer in seiner Zobel-Biographie „Ein Glückskind des Fußballs".

Das hatte zwei Gründe: Zum einen interessierte sich Zobel sehr auch für die Musik und die Clubszene in Hamburg. Zum anderen war er aus disziplinarischen Gründen aus der Uelzener Verbandsliga-Mannschaft geflogen, weil ihn der Trainer am Abend vorm Spiel in einer Uelzener Kellerkneipe erwischt hatte. Zobel weigerte sich, nach Hause zu gehen, wollte lieber gar nicht mehr spielen. Er kickte nur noch in der Kreisliga für das Reserveteam. Wenn das Lattek und der DFB gewusst hätten!

So aber kam Zobel nicht nur auf insgesamt 7 Jugend- und 18 Amateur-Länderspiele, sondern auch zu seinem ersten Profivertrag bei Hannover 96 – auch dank Latteks Kontakten. Den Youngster quälte die Angst, dass er beim ambitionierten Bundesligisten auf der Ersatzbank versauern könnte. Lattek aber entgegnete: „Die haben mit dir 22 Spieler und davon 12 Blinde. Du spielst also immer." Lattek sollte recht behalten. In der ersten Saison stürmte er gemeinsam mit Jupp Heynckes – die Wege dieser beiden Männer sollten sich 1991 noch einmal schicksalhaft kreuzen. In der zweiten wurde Zobel Stammkraft im defensiven Mittelfeld.

Für 1200 Mark Grundgehalt plus Prämien hatte Zobel als Vertragsamateur zwei Jahre lang seine Knochen bei 96 hingehalten. Keinen Pfennig mehr wollte man dem mittlerweile 21-Jährigen im dritten Jahr gönnen. „Wir würden Sie gern noch ein weiteres Jahr behalten. Sie kriegen das gleiche Gehalt wie bisher und bleiben Lehrling", sagte der neue Trainer Helmuth Johannsen gönnerhaft. Zobels Replik laut Breitschuh: „Ich habe jetzt zwei Jahre fast komplett durchgespielt. Ich finde, die Ausbildung ist damit beendet."

„Du unterschreibst diesen Vertrag hier, oder dein Nachfolger steht schon vor der Tür", wies Johannsen den Spieler zurecht. Zobel bat darum, einmal telefonieren zu können. Und rief aus dem Büro des 96-Präsidenten Robert Schwan an, den Manager des FC Bayern. Innerhalb von Minuten war man sich einig, was sicher auch an der Vorarbeit des neuen Bayern-Trainers lag: Der hieß Lattek. Zobel formulierte noch einen letzten Gruß an Johannsen: „Mein Nachfolger kann gerne reinkommen."

Und so wurde Zobel, der an sich gern noch weiter in Hannover gespielt hätte, 1970 unverhofft Teil der großen Bayern-Mannschaft mit Franz Beckenbauer, Gerd Müller und Sepp Maier. Müller machte dem Neuen gleich im ersten Training klar, dass Zobel den Ball grundsätzlich abzugeben habe, wenn sich denn der Torjäger in aussichtsreicher Position befand. Auch Beckenbauer nordete das allzu frech aufspielende Nordlicht sehr bald ein: „Fürs Fußballspielen bin ich hier zuständig. Wenn du so weitermachen willst wie bisher, gehst du am besten gleich zurück nach Hannover."

Zobel begriff, wurde zum Wasserträger der Superstars und zu einer unverzichtbaren Größe bei Lattek. Der Trainer wurde mal gefragt, warum er denn immer wieder Zobel aufstellen würde, obwohl der so gut wie nie auffallen würde. Latteks Antwort: „Sie haben völlig recht. Es fällt nur selten auf, wenn Zobel spielt. Es fällt aber immer auf, wenn er nicht spielt."

In seiner ersten Bayern-Saison stand er in allen 34 Bundesliga-Spielen auf dem Platz – als einziger Feldspieler. Besonders stark spielte er im Pokalfinale auf, das die Bayern mit letzter Kraft gegen den 1. FC Köln gewannen. Zobel wurde „Laufwunder" tituliert. Nicht schlecht für einen, der damals noch Kette rauchte und daher von mancher taktischen Einweisung nur die Hälfte mitbekam, weil er kurz vorm Spiel noch eine schmöken musste.

Zobel hatte seine Rolle gefunden, blieb aber der etwas andere Profi. Er verschwieg seine Sympathie für Willy Brandt und die SPD ebenso wenig wie die für das politische Kabarett „Lach- und Schießgesellschaft", eine stramm linke Insel im CSU-regierten Bayern. Mit 22 drückte er noch einmal die Schulbank, um das Abitur nachzuholen, fuhr manchmal mit dem Porsche 911 direkt vors Gymnasium. Er war fast drei Jahre lang Zimmergenosse Beckenbauers in Trainingslagern oder bei Auswärtsspielen. „Franz hat mich nie von oben herab behandelt, das war nie seine Art", betonte Zobel in einem Interview anlässlich des Todes von Beckenbauer im Januar 2024. Dass manches Original-Autogramm des Kaisers aus den 1970er-Jahren in Wirklichkeit aber von ihm stammte, erzählt der auch künstlerisch begabte Zobel immer wieder gern. Beim Kaiser stapelte sich nun einmal deutlich mehr Fanpost als bei Zobel – gut, wenn man einen hilfsbereiten Zimmergenossen hat.

Ein Jahr früher als Beckenbauer verabschiedete sich Zobel von den Bayern. Seine nächste und letzte Spielerstation hieß nicht Cosmos New York, sondern Lüneburger SK. Über Teutonia Uelzen, den LSK und Eintracht Braunschweig landete Zobel schließlich auf der Trainerbank der Stuttgarter Kickers, die er 1991 nach drei dramatischen Relegationsspielen gegen den FC St. Pauli in die Bundesliga führte. Und dann kam es am 5. Oktober 1991 zum Wiedersehen mit den Bayern, damals noch gecoacht von Heynckes. Der sollte drei Tage nach dem 1:4 gegen die Kickers seinen Job verlieren.

„Die größte Fehlentscheidung meiner Karriere", so die viel-zitierte Einsicht von Manager Uli Hoeneß.

Die Bayern hatten im Herbst 1991 schon einige deftige Niederlagen kassiert und nisteten sich allmählich in der unteren Tabellenhälfte ein. Für Zobel war das allererste Spiel gegen seinen alten Verein trotzdem etwas Besonderes - im Olympiastadion, in dem er 19 Jahre zuvor beim Eröffnungsspiel mit den Bayern gleich mit einer 5:1-Gala gegen Schalke den Titel eingefahren hatte. Dass nun die Stuttgarter fast das gleiche Ergebnis bei den Bayern erreichten, überraschte höchstens die Gastgeber. „Wenn ich ehrlich bin, kannte ich von denen höchstens zwei Leute", gestand Bayerns Weltmeister Thomas Berthold.

Bayern war also offenbar auf Stuttgart gar nicht eingestellt, die Kickers auf die Münchner dafür umso besser – ein Verdienst natürlich auch von Zobel, der die Blauen mutig und aggressiv spielen ließ. „Ich habe weder davor noch danach ein Spiel erlebt, in dem so viele Dinge funktionierten, die wir einstudiert hatten", erzählte Stuttgarts Stürmer und Kapitän Ralf Vollmer dem NDR-Journalisten Albrecht Breitschuh.

"Sie hatten nur große Namen, aber keine richtige Mannschaft. Wir haben nicht zufällig 4:1 gewonnen, wir haben das Spiel dominiert. Dieser Umstand war für die Bayern-Spieler am deprimierendsten", sagte Zobel im Gespräch mit Spox. Und er empfand Mitleid mit seinem einstigen Sturmkollegen Heynckes: "Ich kannte Jupp schon lange, aber so traurig und verzweifelt wie nach diesem Spiel habe ich ihn selten erlebt."

Und was macht eine Fußballmannschaft, die Anfang Oktober in München gewinnt und zudem von einem Mann gecoacht wird, der sich auch im Münchner Nachtleben bestens
auskennt? Sie versumpft nach allen Regeln der Kunst auf
dem Oktoberfest. Zobel wurde laut Vollmer im Festzelt nach
vorn gebeten, bekam einen Filzhut mit Feder aufgesetzt und
musste die Kapelle dirigieren. Die Schwaben wurden auf den
Wiesn derart gefeiert, dass sie vermuteten, allein 1860-Fans
hätten sich an jenem Tag auf das Festgelände getraut. Vollmer: „Eigentlich wollten wir nur eine Stunde bleiben, stiegen aber erst in unseren Bus, als das Zelt geschlossen wurde.
Wir waren sternhagelvoll!"

Der Kater sollte folgen. Die Kickers hätten sich „zu
oft am eigenen Fußball berauscht", meinte Zobel selbstkri-
tisch, und zu häufig auf Sieg gespielt, statt den Punkt zu si-
chern. So stiegen die Kickers etwas unglücklich doch noch
ab, um sehr bald in den Niederungen der Regionalliga zu ver-
schwinden. In Zobels Vita tauchen noch 16 weitere Statio-
nen auf, er wurde dreimal ägyptischer Meister mit al Ahly
Kairo, führte den FC Wenden zum Titel in der Kreisliga
Braunschweig und war mit 73 Jahren noch Teamchef beim
Regionalligisten Lüneburger SK. Nicht schlecht für einen
Mann, der mit 18 fast schon mit dem Fußball abgeschlossen
hatte.

Statistik: Bayern München – Stuttgarter Kickers 1:4 (0:2)

Samstag, 5.10.1991, Olympiastadion München, 35.000 Zuschauer

Bayern: Hillringhaus – Berthold, Pflügler, Grahammer – Schwabl, Effenberg, Sternkopf (80. Kreuzer), Ziege, Bender (80. Babbel) – Labbadia, Wohlfarth.

Kickers: Reitmaier – Novodomsky, Keim, Ritter – Imhof, Tattermusch, Kula, Schwartz, Wörsdörfer – Marin (75. Richter), Vollmer (88. Moutas).

Tore: 0:1 Kula (8.), 0:2 Marin (24.), 0:3 Keim (64.), 1:3 Wohlfahrth (73.), 1:4 Moutas (89.).

BR-Video „Seinerzeit" in der ARD-Mediathek: Europapokal-Finale 1974 - Bayern München gegen Atlético Madrid 4:0

Gerd Müller wollte seine legendäre DFB-Karriere wegen eines Freundschaftsspiels des FC Bayern hinschmeißen

Von Rüdiger Fröhlich

Das ganze Unglück für Gerd Müller, den „Bomber der Nation", begann in der 19. Minute mit einer Flanke von rechts von Stan Libuda. Orlando la Torre verfehlt den Ball, Müller nimmt den Ball fein mit der Brust an und haut ihn eiskalt flach unten rechts ins Tor von Peru-Keeper Luis Rubinos. Doch gleich sieben Minuten später geht's weiter: Hannes Löhr vernascht seinen Gegenspieler auf der linken Seite, flankt in den 5-Meter-Raum und der Mittelstürmer vom FC Bayern vollstreckt erneut – diesmal mit links – zum 2:0 im WM-Gruppenspiel am 10. Juni 1970 im mexikanischen León gegen Peru.

Müllers Zimmerpartner Uwe Seeler flankt kurze Zeit später vor 17.875 Zuschauern in den 16er der Südamerikaner und Gerd Müller trifft per Kopfball. Mit rechts, mit links und mit dem Kopf – der „Bomber der Nation" erledigt Peru im Alleingang mit einem lupenreinen Hattrick. Es war der zweite deutsche WM-Hattrick nach Eduard Conens drei legendären Treffern bei der Weltmeisterschaft 1934.

Es war eine Demonstration des gnadenlosen Vollstreckens des Münchner Torjägers. „Müller (er)schießt Peru im Alleingang", hieß es in den Medien. „Bis jetzt ist es hier leichter gewesen mit dem Toreschießen als in der Bundesliga", erklärte Gerd Müller nach seinem Hattrick gegen Peru. Doch schon im legendären und höchst umstrittenen WM-Halbfinale gegen Italien (3:4 n.V.) traf die deutsche Mannschaft von Trainer Helmut Schön erneut auf einen Peruaner: Schiedsrichter Arturo Yamasaki. „Er hat uns verpfiffen, die linke Bazille", schimpfte Deutschlands Keeper Sepp Maier noch Jahre später im Nachrichtenmagazin „Der Spiegel". „Die Fouls an Uwe Seeler und Franz Beckenbauer waren ganz klare Elfmeter."

Maier wollte nach dem skandalösen „Jahrhundertspiel" nie wieder Spaghetti essen – und erst recht keine Pizza. In der Tat wird in ganz Deutschland nach der legendären WM-Partie über den peruanischen Schiedsrichter Yamasaki geschimpft. Gleich drei Strafstöße für Deutschland gab der Referee laut Ansicht von Experten einfach nicht. Zudem „übersah" Arturo Yamasaki ein schweres Foul von Pierlugi Cara an Franz Beckenbauer, was im direkten Gegenzug die Führung der Italiener zur Folge hatte, und zudem konnte der Kaiser mit einem gesprengten Schulter-Eckgelenk 50 Minuten lang nur mit halber Kraft weiterspielen, den rechten Arm mit Klebeband am Körper fixiert. „Wir merkten, dass Schiedsrichter Yamasaki ganz auf Seiten der Italiener stand", schrieb auch Uwe Seeler in seinen Lebenserinnerungen „Danke, Fußball! Mein Leben".

„Der Schiedsrichter hat immer dann gepfiffen, wenn ein Foul außerhalb des Strafraums begangen wurde", kritisierte auch ARD-Reporter Ernst Huberty den merkwürdig pfeifenden Arturo Yamasaki. Ob es tatsächlich an der Niederlage Perus gegen Deutschland lag, dass Yamasaki die deutsche Elf so dermaßen gegen Italien benachteiligte wie es sonst wohl nur im WM-Halbfinale 1958 gegen Schweden der Fall war, ist unklar. Der Schiedsrichter Yamasaki war bis 1966 für den peruanischen Fußballverband aktiv, bis er danach nach Mexiko emigrierte und dort auch die Staatsbürgerschaft annahm.

Nur ein halbes Jahr später kam es in Lima zu einem Freundschaftsspiel, dass das Verhältnis zwischen Gerd Müller und Peru endgültig zerbrechen ließ – und beinahe katastrophale Folgen für Fußball-Deutschland gehabt hätte. Der FC Bayern reiste Anfang Januar 1971 zu einer Südamerika-Tour, um die Vereinskasse aufzufüllen. Am 6. Januar traten die Münchner gegen Universitario Lima an. Das Endergebnis von 2:2 wurde durch zwei Platzverweise durch Schiedsrichter Enrique Labo überschattet. Der Referee stellte die Bayern-Profis Charly Mrosko und Gerd Müller vom Platz. Mrosko, da er einen Ball auf den Linienrichter geworfen hatte, und Gerd Müller wegen einer Tätlichkeit. Das Problem: Der DFB konnte damals auch nach Freundschaftsspielen Sperren für Pflichtspiele verhängen.

Es folgte eine Posse wie sie der deutsche Fußball selten erlebt hatte. Gerd Müller wurde am 24. Mai 1971 zu einer Sperre von acht Wochen vom DFB-Sportgericht durch den Vorsitzenden Richter Werner Kirsch verurteilt, Charly Mrosko zu drei Wochen Sperre. Schiedsrichter Labo war vom DFB zwar etliche Male zu Verhandlungsterminen geladen, doch der hatte offensichtlich keine Lust auf eine Reise nach Europa und noch weniger auf die Verhandlungen. Senor Labo erschien einfach immer nicht.

Nach einer viermonatigen Farce um Enrique Labo folgt die harte Strafe durch den DFB. Die Bayern traf das Urteil zu einem denkbar schlechten Zeitpunkt, da die letzten zwei Bundesligaspiele um die Meisterschaft sowie das Pokalendspiel am 19. Juni noch ausstanden. „Für uns war ganz Peru ein Unglück", erklärte der damalige Bayern-Präsident Wilhelm Neudecker laut „Spiegel" dem DFB-Sportgericht. In dem extrem hitzigen Spiel des FCB gegen Lima soll Gerd Müller laut Berichten einen Ellenbogencheck eines Universitario-Spielers gegen Rainer Zobel gerächt haben. Die Südamerikaner sprachen von einem „Schlag" gegen Carlos Jurado, die Münchner nur von einem „kleinen Schubser".

Müller und Mrosko erklärten vor dem DFB-Sportgericht, ein Peruaner habe Zobel mit einem Foul niedergestreckt, und Müller habe sich nur über ihn gebeugt, um ihn zu schützen. Er sei danach von Trainer Lattek vom Platz geholt und ausgewechselt und gar nicht vom Platz gestellt worden. „Es war da wohl etwas mit einem Einwurf, doch das fiel mit dem Schlusspfiff zusammen", so Mrosko.

Auch Bayerns damaliger Technischer Direktor, Robert Schwan, musste als Zeuge aussagen und sprach von „einer Manier von südamerikanischen Zuständen".

Es kam aber wie es kommen musste: Gerd Müller wurde gesperrt und der FC Bayern München verlor am letzten Spieltag die Meisterschaft mit einer 0:2-Pleite beim MSV Duisburg. Borussia Mönchengladbach durfte jubeln, obwohl die Bayern mit einem Tor Vorsprung in das Fernduell um den Titel gegangen waren. Die Münchner waren stinksauer auf den DFB, und erst recht Torjäger Müller. Die Bayern legten daher vor dem Pokalendspiel gegen den 1. FC Köln ein „Gnadengesuch" beim Fußball-Verband ein. Der „Bomber der Nation" ging noch weiter und drohte bei Ablehnung durch den DFB offen damit, nie mehr für die deutsche Nationalmannschaft zu spielen.

Diese Drohung von Gerd Müller zeigte Wirkung, der DFB begnadigte den Bayern-Stürmer einen Tag vor dem Pokalfinale. Die Münchner siegten gegen Köln mit 2:1 nach Verlängerung durch Tore von Franz Beckenbauer und Edgar Schneider und holten so zumindest einen Titel.

Ob Deutschland ohne seinen Weltklasse-Stürmer Gerd Müller 1972 den EM-Titel gewonnen und 1974 Weltmeister geworden wäre, muss zumindest stark bezweifelt werden. So hätte ein Freundschaftsspiel in Peru mit einer anschließenden Sperre beinahe die großartige, legendäre

DFB-Karriere des „Bombers der Nation" mit 68 Toren in 62 Spielen verhindert.

Dieser erklärte nach der WM 1974 nach 62 Länderspielen im Alter von nur 28 Jahren seinen Rücktritt aus der Nationalmannschaft. Laut Medien war Gerd Müller erneut sauer auf den DFB. „Der DFB hat den Spielerfrauen in den Stadien schlechte Plätze zugewiesen und sie nicht zum Festbankett nach dem gewonnenen WM-Titel eingeladen", hieß es. Zudem seien die Prämien für den WM-Titel „lachhaft" gewesen. Gerd Müller selber erklärte jedoch, dass sein Entschluss schon ein Vierteljahr vor der WM festgestanden habe. „Ich wollte mehr Zeit mit meiner Frau und meiner Tochter Nicole verbringen", so Gerd Müller.

Der Weltklasse-Torjäger Gerd Müller starb am 15. August 2021 im Alter von 75 Jahren in Wolfratshausen südlich von München. Er war an Alzheimer erkrankt und lebte seit Jahren in einem Pflegeheim. „Auch wenn man schon seit Langem die Nachricht befürchten musste: Sie trifft mich wie ein Schock", sagte Bayern Münchens Ehrenpräsident Franz Beckenbauer vor drei Jahren der „Bild"-Zeitung. „Er war so ein feiner Kerl und viel feinsinniger, als viele dachten. Gerd und ich – wir waren wie Brüder." Auch Paul Breitner, ebenfalls Weltmeister 1974, war tief betroffen. „Gerd Müller war für mich der größte Fußballer meines Lebens. Gerd ist der Sockel, auf dem der große FC Bayern unserer Tage entstanden ist."

Statistik zu Gerhard "Gerd" Müller:

Geboren am 3. November 1945 in Nördlingen, † 15. August 2021 in Wolfratshausen

62 Länderspiele (68 Tore)
453 Bundesligaspiele (398 Tore)
Größte Erfolge: Weltmeister 1974, WM-Dritter 1970, Europameister 1972, Weltpokalsieger 1976, Europapokal der Landesmeister 1974, 1975, 1976, Europapokal der Pokalsieger 1967, Deutscher Meister 1969, 1972, 1973, 1974, Deutscher Pokalsieger 1966, 1977, 1961, 1970

Video vom Bayrischen Rundfunk: Gerd Müller – ein Nachruf

102 Sekunden

Von Christina Rath

Acht Bayern-Fans machen sich auf zu einem „schönen Ausflug" nach Katalonien zum Champions-League-Finale des FC Bayern gegen Manchester United: Von Ingelheim in Rheinland-Pfalz gestartet, geht es mit dem Zug nach Genf, anschließend mit einem französischen Nachtzug weiter nach Barcelona.

„Das war für uns alle neu. Wir lagen in diesen kleinen Schlafnischen, wurden ordentlich durchgeschüttelt und niemand konnte schlafen", erzählt Markus Menk. „Die ganze Stadt war voller Fußball-Fans, in jedem Café, in jeder Kirche, einfach überall. Bestimmt 30.000 Bayern-Anhänger und 50 bis 80.0000 Fans von Manchester. Wie bei anderen Fahrten zu Champions-League-Finals haben wir in Barcelona auch Bekannte getroffen - ein schönes Gefühl, wie eine große Familie." Bevor es dann weitergeht ins Stadion Camp Nou noch ein besonderer Moment für Markus Menk, der vor dem Hotel der Bayern sowohl mit Mehmet Scholl, als auch mit Sibylle Beckenbauer, der damaligen Frau des Kaisers, ein paar Worte wechseln kann.

Es ist ein Vierteljahrhundert her, wirkt aber bis heute nach. „Bis 2012 war es das schlimmste Spiel als Bayern-Fan", sagt Menk „Man hat das Gefühl, man ist die beste Mannschaft. Und dann.... Wir konnten es nicht fassen." Am

19. Mai 2012 verloren die Bayern nach einem knapp dreistündigen Krimi im Elfmeterschießen gegen Chelsea, die sich durch ein Tor von Didier Drogba den Champions-League-Titel sicherten.

Zurück ins Jahr 1999. Am 26. Mai nimmt vor gut 90.000 Zuschauern das Drama der Bayern seinen Lauf. Dabei fängt es gut an. In Bestbesetzung reist der FCB nach Katalonien, um einer großen Saison die Krone aufzusetzen. Die Bayern treten an mit Kahn, Matthäus, Babbel, Linke, Kuffour, Tarnat, Effenberg, Jeremies, Basler, Jancker und Zickler. Bixente Lizerazu und Giovane Elber sind gesperrt. Für Manchester United spielen Schmeichel, Gary Neville, Johnsen, Stam, Irwin, Giggs, Beckham, Butt, Blomqvist, Yorke und Andy Cole.

Schon nach sechs Minuten bringt Mario Basler die Bayern in Führung - und das bleibt die nächsten 84 Minuten so. Sie sind ganz klar die bessere Mannschaft, die Red Devils mit ihrem Superstar David Beckham ungefährlich. Oliver Kahn bleibt weitgehend ohne Beschäftigung. Doch die Bayern wollen ihr zweites Tor, das nicht kommen will. Mehmet Scholl wird eingewechselt. Dann, in der 80. Minute, muss der 38-jährige Lothar Matthäus vom Platz gehen, für ihn kommt Thorsten Fink. Insgesamt läuft alles nicht mehr rund. Was dann folgt, ist Geschichte:

Auch ManU wechselt. Erst kommt Teddy Sheringham aufs Feld, dann folgt Ole Gunnar Solskjær, auch genannt "the baby-faced assassin", der Killer mit dem Babyface. Und während auf der bayerischen Ersatzbank schon Baseballkappen mit der Aufschrift "Champions-League-Sieger 1999 - FC Bayern München" verteilt werden, drehen die beiden in der Nachspielzeit ein verloren geglaubtes Spiel.

1:1 durch Sheringham, nach 90 Minuten und 36 Sekunden. „Das darf nicht wahr sein!", ruft RTL-Kommentator Marcel Reif, die Fans im Block von United jubeln, explodieren fast. Und dann: "And Solskjær has done it!", brüllt der britische TV-Kommentator Clive Tyldesley. Nur 102 Sekunden später hatte der Killer mit dem Babyface das 2:1 für ManU geschossen.

Übrigens mit fatalen Folgen für Solskjær: Beim Jubel zieht er sich eine Meniskusverletzung zu, die ihn Jahre später zum Karriereende zwingt. Kurz nach dem Wiederanpfiff ist das Spiel zu Ende. Tyldesley: "Manchester United have reached the promised land!" Bayern hat verloren, Manchester United ist Champions-League-Sieger 1999.

Das sehen zumindest die meisten so. Anders Mario Basler: Als das erste Tor für ManU fällt, ist dieser nicht mehr auf dem Feld, für ihn spielt der spätere Bayern-Sportdirektor Hasan Salihamidzic. Das verleitet Basler zu einer steilen These: „Eigentlich bin ich Champions-League-Sieger", sagt er später in Interviews, schmunzelnd.

Doch im Moment können die Spieler von Bayern München nicht glauben, was ihnen da passiert ist, viele brechen einfach zusammen: „Es saugt dir die ganze Kraft aus dem Leib", erzählt Michael Tarnat Jahre später von seinen Gefühlen beim Abpfiff. „Ich bin nur noch zusammengebrochen. Da war nur noch Leere."

Die angereisten Fans auch nicht: „Wir fühlten uns wie in Trance", beschreibt Markus Menk denselben Moment, „hilflos. Das Gefühl, dass einem etwas weggerissen wird, von dem man glaubte, es gehörte einem bereits. Wir empfanden diesen Augenblick wie die Spieler: Wir waren platt, wie gelähmt." Tatsächlich habe es nach der Niederlage Tage und Wochen gedauert, bis sie wieder in der Lage waren sich zu sammeln. „Richtig verheilt waren unsere Wunden erst nach Mailand 2001", sagt Menk, als Ottmar Hitzfeld den FC Bayern gegen den FC Valencia zum lang ersehnten Champions-League-Titel führte.

Anders sieht es auf der Siegerseite aus: Manchester United feiert. Ihr Trainer Alex Ferguson wird von einer Minute zur anderen zur Legende: "Ich kann's nicht glauben", sagt er im Interview. „Football, bloody hell!" Wenige Wochen später wird er von der Queen zum Ritter geschlagen: "Sir Alex" heißt er fortan.

Bis heute gilt dieses 1:2 als "Mutter aller Niederlagen". Viele halten dieses Ergebnis für unverdient und der FC Bayern hat danach aus der ganzen Welt viel Anerkennung und Sympathie gewonnen. Zudem gibt es Gerüchte, dass die überraschend Besiegten trotz allem noch am selben Abend eine Mega-Party feierten. Von einer wüsten Sause ist die Rede.

Und die von weither aus Ingelheim angereisten Fans? Die müssen sich bis früh am nächsten Morgen durchschlagen, weil sie kein Hotel bekommen hatten. Und so ziehen sie - ebenso wie viele nicht ganz nüchternen Engländer - bis in die Morgenstunden durch die Clubs, holen sich morgens am Strand von Lloret de Mar noch einen kräftigen Sonnenbrand. Von Girona soll es dann mit dem Flieger zurückgehen in die Heimat. „Und dann die unzähligen ManU-Fans am Flughafen, schlaftrunken, betrunken, die für jeden ihrer Spieler ein eigenes Lied sangen", sagt Menk. „Das tat besonders weh."

**Statistik zum Champions-League-Finale: FC Bayern München –
Manchester United 1:2 (1:0)**

Samstag, 26.5.1999, Camp Nou Barcelona, 90.245 Zuschauer

Bayern: Kahn – Linke, Matthäus (80. Fink), Kuffour – Babbel, Tarnat, Effenberg, Jeremies – Basler (87. Salihamidzic), Jancker, Zickler (71. Scholl)

Trainer: Ottmar Hitzfeld

Manchester United: Schmeichel – Neville, Stam, Johnsen, Irwin – Beckham, Butt, Giggs, Blomqvist (67. Sheringham) – Yorke, Cole (81. Solskjaer)

Trainer: Alex Ferguson

Tore: 1:0 Basler (6.), 1:1 Sheringham (90. +1), 1:2 Solskjaer (90. +3)

**Video von der UEFA: Final-Highlights 1991 – FC Bayern gegen Manches-
ter United 1:2 (englisch)**

Rekord für die Ewigkeit? Als der VfL Bochum fünf Tore schoss – und doch noch gegen den FC Bayern verlor

Von Rüdiger Fröhlich

Es gibt Spiele in der Fußball-Bundesliga, die sind legendär. Spiele, die Fans niemals vergessen werden. Und wenn man zu Hause zur Halbzeit 3:0 führt, gehen die Fans normalerweise zum Bratwurst- und Bierstand und sagen: „Dat Ding ist durch." Kann man eine 3:0-Führung noch verspielen? „Sehr, sehr unwahrscheinlich", werden die Fans dann wohl sagen und lässig einen Schluck Bier trinken. Und wenn man in der zweiten Halbzeit sogar 4:0 führt? „Unmöglich!", wird die Antwort fast aller deutschen Fans am Bierstand wohl heißen. Nicht jedoch bei den Fans des VfL Bochum.

Der VfL Bochum hat nämlich das sagenhafte „Kunststück" geschafft, trotz einer 4:0-Führung im heimischen Ruhrstadion den Platz noch als Verlierer zu verlassen. Diesen unrühmlichen Rekord hat der VfL am sechsten Spieltag der Saison 1976/77 aufgestellt, genau am 18. September 1976. Zu Gast war der FC Bayern München, der mit den fünf Weltmeistern Sepp Maier, Katsche Schwarzenbeck, Franz Beckenbauer, Uli Hoeneß und Gerd Müller im Stadion an der Castroper Straße in Bochum auflief. Doch die 17.000 Zuschauer im Ruhrstadion trauten ihren Augen nicht, der VfL spielte gegen den großen Favoriten wie entfesselt auf.

Durch zwei Treffer von Harry Ellbracht (24./43.) und Josef Kaczor (38.) führte Bochum nach 45 Minuten schon sensationell mit 3:0 – und das gegen den FC Bayern, der vier Monate zuvor den Europapokal der Landesmeister gewonnen hatte.

Dabei hatten die Münchner noch Glück, denn der VfL hatte in der ersten Hälfte weitere hochkarätige Möglichkeiten und hätte noch höher führen können, wie ein sechsminütiger Amateurmitschnitt von dem Spiel zeigt. Dieser Mitschnitt ist als einziges Video von dem Spiel der Nachwelt erhalten geblieben. In der Sportschau wurden zu der Zeit nicht alle Spiele gezeigt, sondern nur Ausschnitte von drei, vier Begegnungen. „Die Bayern haben uns total unterschätzt", sagte Bochums Keeper Werner Scholz in einem Interview mit „Der Westen". Doch es kam noch besser: In der 53. Minute erhöhte Hans-Joachim Pochstein auf sage und schreibe 4:0 für Bochum. Doch dann folgten 20 Minuten, wie sie die Fußballwelt in Deutschland noch nie gesehen hatte. Innerhalb von der 55. bis zur 75. Spielminute drehten die Münchner einen 0:4-Rückstand in eine 5:4-Führung. Tore: Karl-Heinz Rummenigge (55.), Georg Schwarzenbeck (57.) sowie Gerd Müller (63. und 74./Strafstoß) und Uli Hoeneß (75.).

Fünf Tore innerhalb von 20 Minuten, davon zwei innerhalb von zwei Minuten und sogar zwei innerhalb von einer Minute. Der VfL konnte in dem Jahrhundertspiel zwar noch zum 5:5 durch Josef Kaczor (80.) ausgleichen, doch eine Minute vor Spielende traf Uli Hoeneß zum 6:5-Siegtreffer für die Münchner. „Ich habe sechs Bälle draufbekommen und alle waren drin", erinnerte sich VfL-Torwart Scholz deprimiert. „Unsere Wäschefrau musste mein Trikot nur kurz lüften, dann konnte sie es wieder in den Schrank legen."

Das 5:6 von Bochum ist das einzige Spiel in der Fußball-Bundesliga, in dem eine Mannschaft einen 0:4-Rückstand in einen Sieg umwandeln konnte. Es gibt zwar ein weiteres Spiel, in dem eine Mannschaft ein 0:4 aufholen konnte, allerding langte das 4:4 vom 25. November 2017 dem FC Schalke im Revierderby bei Borussia Dortmund „nur" zu einem Unentschieden. Das 5:6-Jahrhundertspiel von Bochum ist mit elf Treffern zudem auch eines der torreichsten Spiele der Bundesliga überhaupt. Nur in fünf Partien fielen mit 12 Toren ein Treffer mehr, allerdings siegten dabei stets die Heimmannschaften (zweimal Dortmund mit 11:1 und 9:3, Mönchengladbach mit 12:0, Köln mit 8:4 und Bayern München mit 11:1). Somit ist das 5:6 von Bochum gegen Bayern zugleich die torreichste Begegnung, bei der die Auswärtsmannschaft gewonnen hat. Lange Zeit wurde angenommen, dass es keine bewegten Bilder von dem legendären Bochumer Spiel gab, doch VfL-Fan Werner David zeichnete Teile des Spiels mit seiner privaten Super-8-Kamera auf. Das Original des Films mit allen fünf VfL-Toren wird im Bochumer Stadtarchiv wie ein Heiligtum aufbewahrt.

„Seit diesem Spiel sind wir die einzige Mannschaft Deutschlands, für die es keinen beruhigenden Vorsprung gibt", erklärte Frank Goosen, Bochumer Kabarettist und Autor mit großem Herzen für den VfL. Für Bochums Keeper Werner Scholz kam es nach dem niederschmetternden 5:6 sogar noch schlimmer. Im Anschluss ging das Team wie immer rüber ins Vereinslokal „Haus Frein" und schaute dort Sportschau. Bochum wurde selten gezeigt, am 18. September 1976 aber schon. Aufgrund von technischen Problemen hatte die ARD aber keine Bilder von der ersten Halbzeit, alle drei Bochumer Tore konnten nicht geschaut werden. „Gezeigt wurden dann alle sechs Tore, die ich kassiert habe. Da war ich richtig bedient", sagte VfL-Torwart Scholz in dem Interview.

Statistik: VfL Bochum – FC Bayern München 5:6

VfL Bochum

Werner Scholz – Hermann Gerland, Klaus Franke (Harry Ellbracht), Matthias Herget, Michael Lameck – Michael Eggert, Erich Miß, Jupp Tenhagen, Holger Trimhold – Hans Joachim Pochstein, Josef Kaczor

Trainer: Heinz Höher

FC Bayern München

Sepp Maier – Udo Horsmann, Franz Beckenbauer, Georg Schwarzenbeck, Björn Andersson – Hans-Josef Kapellmann, Conny Torstensson (Reiner Künkel), Bernd Dürnberger – Uli Hoeneß, Gerd Müller, Karl-Heinz Rummenigge

Trainer: Dettmer Cramer

Privat-Video von Teilen des Spiels im Bochumer Stadtarchiv

Ein Jäger rettete das Leben von Uli Hoeneß

Von Christina Rath

Der Maschinenbau-Ingenieur Karl-Heinz Deppe ist Jäger. Am Abend des 17. Februar 1982, also vor fast 40 Jahren, erlegt er in seinem Revier in Brelingen bei Hannover einen Fuchs und legt das Tier in den Kofferraum seines Lada-Geländewagens. Auf dem Weg nach Hause bemerkt er plötzlich viel Blaulicht, ein Unglück ist passiert.

Etwa 15 Kilometer nordwestlich des Flughafens Hannover-Langenhagen ist eine Propellermaschine auf dem Weg von München nach Hannover abgestürzt, eine Piper Seneca. An Bord: der Pilot Wolfgang Junginger, Co-Pilot Thomas Kupfer, Helmut Simmler, der Direktor des Münchner Copress-Verlages, und Uli Hoeneß, damals 30 Jahre alt und Manager des FC Bayern München, ursprünglich unterwegs zu einem Länderspiel Deutschland gegen Portugal.

Da die Einsatzkräfte in dem unwegsamen und vereisten Gebiet nicht weiterkommen, bitten sie den Jäger mit seinem Geländewagen um Hilfe. Karl-Heinz Deppe findet den einzigen Überlebenden des Unglücks in der Nähe des Wracks, verletzt und stark unterkühlt. Uli Hoeneß hatte im hinteren Teil des Flugzeugs geschlafen. Weil er nicht angeschnallt war, wurde er herausgeschleudert und blieb am Leben.

Der Jäger setzt den Verletzten vorsichtig auf den Beifahrersitz seines Wagens. Doch der Motor springt nicht an - „wie in einem schlechten Film", erzählt Deppe Jahre später der „Welt". Kurzerhand habe er seine Jagdbeute aus dem Kofferraum geworfen und den Frierenden mit der darunter liegenden Decke zugedeckt. Und sich anschließend mit Hund und Gewehr zu Fuß auf den Weg gemacht, wo ihm die Rettungskräfte bald entgegenkommen.

„Wer ist Uli Hoeneß?", fragt der wenig fußballinteressierte Jäger wenige Minuten später. Dieser kommt mit Gehirnerschütterung und einigen Knochenbrüchen ins Krankenhaus Hannover-Nordstadt, später in die Klinik München Großhadern. „Ohne mich hätte Hoeneß es wohl nicht geschafft", sagt Deppe später der Zeitung. „Er wäre an Unterkühlung gestorben."

Als er wieder gesund ist, lädt Uli Hoeneß seinen Retter und alle, die ihm geholfen haben, nach München ein. Der Legende nach ließ der Jäger später aus dem Fell des Fuchses eine Stola nähen, die er Hoeneß' Frau Susi schenkte, mit der er seit 1972 verheiratet ist und zwei Kinder hat. Nach den traumatischen Ereignissen, die er selbst nur durch einen glücklichen Zufall überlebte, feiert Uli Hoeneß den 17. Februar als seinen zweiten Geburtstag.

Längst weiß Karl-Heinz Deppe, wer Uli Hoeneß ist, dessen eigentlicher Geburtstag der 5. Januar 1952 ist. Nämlich eine der prägendsten Figuren im deutschen Fußball. Als das Flugzeug abstürzte, hatte Hoeneß erst drei Jahre zuvor seine Fußballkarriere beendet. Diese hatte er gemeinsam mit seinem Bruder Dieter in der Jugendabteilung des VfB Ulm begonnen. später wechselte er zum TSG Ulm (heute SSV Ulm 1846), wo er seinen Freund Paul Breitner kennenlernte.

Mit dem wiederum ging er 1970 zum FC Bayern München, seinem Verein. Hier kickte Hoeneß bald als Stammspieler mit weiteren Fußballlegenden wie Franz Beckenbauer, Gerd Müller und Sepp Maier. 250 Bundesligaspiele absolvierte Hoeneß insgesamt, die meisten für den FC Bayern, schoss 85 Tore.

Ein Wahnsinnserfolg löste den anderen ab: Drei Mal wurde er mit Bayern zwischen 1972 und 1974 deutscher Meister. Mit der Nationalmannschaft wurde er 1972 Europameister und schließlich 1974 Weltmeister.

Als Uli Hoeneß wegen Knieproblemen mit dem Profi-Fußball aufhören musste, war er 27 Jahre alt. Und damit ging es eigentlich erst richtig los. Der 1. Mai 1979 ist sein erster Arbeitstag als Manager des FC Bayern München, er ist damit der jüngste Manager in der Geschichte der Fußball-Bundesliga. „Ich habe mich um jeden Scheiß gekümmert", beschreibt Uli Hoeneß Jahre später diese Anfangszeit. „Abfahrtszeiten, Busunternehmen, Trikots, zur Not habe ich den Spielern die Stollen reingeschraubt."

Er setzt neue Maßstäbe: Während seiner Amtszeit als Manager und später Präsident wird sein Verein 20-mal deutscher Meister. Den DFB-Pokal holt er gleich elfmal. Zweimal gewinnt der FCB die Champions League, 1996 wird er UEFA-Pokal-Sieger.

Der Reigen der beeindruckenden Zahlen geht weiter: Als Uli Hoeneß seinen Job antritt, setzt der FCB zwölf Millionen Mark um, hat 20 Mitarbeiter und sieben Millionen Mark Schulden. 40 Jahre später sind es mehr als 1000 Mitarbeiter, der Umsatz liegt vielleicht bei 750 Millionen Euro im Jahr und Eigenkapital ist auch reichlich da.

Und der der beeindruckenden Namen. Diese Trainer holte Uli Hoeneß nach München: Udo Lattek, Giovanni Trapattoni, Ottmar Hitzfeld, Jürgen Klinsmann, Otto Rehhagel, außerdem Louis van Gaal, Felix Magath, Jupp Heynckes und schließlich Pep Guardiola.

So richtig stolz ist Hoeneß auf das Münchner Stadion, das 2005 eröffnet wurde - eines der größten und schicksten Stadien der Welt, das seine Farbe wechseln kann. 340 Millionen Euro hat die Allianz-Arena den FC Bayern und den TSV 1860 München gekostet, heute gehört sie nur noch dem FC Bayern. "Ich denke mir immer wieder: Mensch Meier, dieses Stadion ist eine Meisterleistung", sagt Hoeneß wenig bescheiden dem Mitgliedermagazin „51".

Neben seinem Managerjob ist Uli Hoeneß auch als Unternehmer aktiv: Gemeinsam mit einem Freund gründet der Metzger-Sohn 1985 das Wurst-Unternehmen HoWe in Nürnberg, die Abkürzungen stehen für Hoeneß und Weiß. Heute führt Sohn Florian die Fabrik. Dazu befragt vom „Handelsblatt" erklärt Uli Hoeneß: „In einer Fabrik hat man einen direkteren Zugriff auf alles. Wenn du durch deine Werksräume gehst und einen Fehler siehst, kannst du dem Vorarbeiter sagen: Das muss jetzt geändert werden. Wohingegen, wenn ein Spiel angepfiffen worden ist, hat der Geschäftsführer keinerlei Einfluss mehr." Das sei der „ganz große Unterschied. Ab einem gewissen Zeitpunkt bist du genauso Zuschauer wie die auf den Rängen, in den Logen oder Zuhause vor dem Fernseher. Da sind dir Hände und Füße gebunden."

Während seiner Karriere macht sich der Manager, der das berühmt-berüchtigte „Prinzip Attacke" vorlebt, nicht ausschließlich Freunde - natürlich bei den Konkurrenten, auch der Streit mit Christoph Daum belegte lange die Schlagzeilen. Daneben existiert aber auch ein zweiter Uli Hoeneß mit der sozialen Ader und großem Herzen (in dem neben seinem Verein noch viel Platz ist). Wenn Spieler oder Vereine in schwierige Situationen kommen, ist er da. Mit vollem Einsatz. Mit Freundschaftsspielen etwa half Hoeneß etwa den Chemnitzer FC und den FC St. Pauli vor der drohenden Insolvenz.

Als 2009 in der Münchner S-Bahn Dominik Brunner von zwei Jugendlichen zu Tode geprügelt wurde, weil er bei einem Streit vermitteln wollte, würdigt er diesen in einer emotionalen Rede vor großem Publikum als „Vorbild" und rief das Bündnis „Münchner Courage" ins Leben.

Dann kommt der Absturz: 2013 erstattet Uli Hoeneß Selbstanzeige beim Finanzamt, weil er in großem Stil Steuern hinterzogen hat. Ein Jahr später wird er vom Landgericht München zu dreieinhalb Jahren Gefängnis verurteilt. Er tritt von allen Ämtern zurück, seine Steuerschuld und die Strafen von knapp 50 Millionen Euro begleicht er sofort.

Im Juni tritt Hoeneß seine Haftstrafe in der JVA Landsberg am Lech an. Als er nach einem halben Jahr den Status des Freigängers erhält, beginnt er im Nachwuchsbereich des FC Bayern zu arbeiten. Am 29. Februar 2016, also im vorherigen Schaltjahr, wird er vorzeitig entlassen. Seine Familie hält zu ihm und auch sein Verein: Noch im selben Jahr wird er wieder zum Präsenten des FC Bayern München gewählt. Er ist wieder da.

Drei Jahre später, am 15. November 2019 geht die Ära Hoeneß schließlich nach 40 Jahren zu Ende, zusammen mit der Zeit als aktiver Spieler sind es sogar 50 Jahre, ein halbes Jahrhundert. „Ich glaube deshalb schon, dass ich einen großen Beitrag dazu geleistet habe, dass der FC Bayern heute so dasteht, wie er steht," sagt er selbst. Aber Folgendes stellt er vor seinem Abschied als Manager klar: „Eine Biografie? Von mir? Never ever! Wenn ich die Wahrheit über das, was ich alles erlebt habe, schreiben würde, müsste man etwa zehn Bände machen - und ich müsste nach der Veröffentlichung nach Australien auswandern."

Statistik zu Uli Hoeneß:

Geboren: 5. Januar 1952 in Ulm
250 Bundesligaspiele (86 Tore) für Bayern München und 1. FC Nürnberg
35 Länderspiele (5 Tore)
Erfolge als Spieler: Weltmeister 1974, Europameister 1972, Vize-Europameister 1976, Europapokal der Landesmeister 1973/74, 1974/75, 1975/76, Weltpokal 1976, Deutscher Meister 1971/72, 1972/73, 1873/74, DFB-Pokal-Sieger 1970/71
Titelgewinne als Manager: UEFA Champions League 2000/01, Weltpokal 2001, UEFA-Pokal 1995/96, 16 Mal Deutscher Meister, 9 Mal DFB-Pokal, 6 Mal DFB-Ligapokal
Titelgewinne als Präsident: UEFA Champions League 2012/13, UEFA-Supercup 2013, FIFA-Klub-Weltmeister 2013, 4 Mal Deutscher Meister, 3 Mal DFB-Pokal, 3 Mal DFL-Supercup

Video bei Youtube: Wie Uli Hoeneß einen Flugzeugabsturz überlebte...

Der Hamburger Jung Beckenbauer

Von Andreas Safft

424 Bundesligaspiele hat Franz Beckenbauer im Laufe seiner Karriere bestritten, nur ein einziges nicht von Beginn an. Und in der zweiten Halbzeit dieses Spiels waren bereits 33 Sekunden gespielt, als der Neuzugang endlich den Rasen betrat. Mit der Rückennummer 12, an sich eine Majestätsbeleidigung für den „Kaiser". Und erstmals im Trikot des Hamburger SV an diesem denkwürdigen 14. November 1980.

Beckenbauer und der FC Bayern, das schien zusammenzugehören wie Uwe Seeler und der HSV. 1977 wechselte er aber in die USA. Zum einen aus privaten Gründen — seine damalige Ehekrise und neue Beziehung wurden insbesondere von der Bild-Zeitung genüsslich ausgeschlachtet. Zum anderen rutschte die überalterte Bayern-Mannschaft ins Mittelmaß ab, wurde 1977 nur noch Bundesliga-Siebter und stürzte im Jahr drauf ohne den Kaiser sogar auf Platz zwölf ab.

Nach drei vor allem finanziell lukrativen Jahren bei Cosmos New York hatte der Weltklasse-Libero aber noch einmal Lust auf richtigen Fußball. Der damalige HSV-Trainer Branco Zebec und Manager Günter Netzer hatten Beckenbauers nach wie vor hohen Leistungsstand Ende 1979 bei einem Einsatz für die Weltauswahl in Dortmund bewundert.

Vor allem Netzer warb nun intensiv um den Mann, mit dem er 1972 Europameister und 1974 Weltmeister geworden war und mit dem er einige Leidenschaften teilte, zum Beispiel für schnelle Autos. „Ich habe gespürt, dass er den großen Fußball noch nicht ad acta gelegt hatte", berichtete Netzer. Beckenbauer zierte sich lange. „Eines Morgens, vor einem Spiel in Los Angeles, wachte ich auf und dachte: Ich mache es!", erzählt er später von seinem plötzlichen Sinneswandel: "Es war ein Bauchgefühl."

Eine Nachricht, die in Hamburg für riesige Euphorie sorgte. Der Mann, der gut ein Jahrzehnt zuvor das Liberospiel neu erfunden und perfektioniert hatte, schien immer noch über den Platz zu schweben, mühelos das leisten zu können, was für Normalsterbliche harte Arbeit war.
Dass Beckenbauer zu diesem Zeitpunkt schon 35 Jahre alt war und dass sowohl sein letztes Bundesliga- als auch sein letztes Länderspiel deutlich mehr als drei Jahre zurücklagen – geschenkt. „Man sollte nicht nach dem Alter gehen, sondern nach der Leistung. Ich muss die Leistung bringen, um die Leute zu überzeugen", betonte er schon bei seiner Ankunft auf dem Flughafen Fuhlsbüttel.

„Beckenbauer, der ist schlau, holt sich die Rente ab vom HSV", reimt damals der 14 Jahre alte Thomas Lembke in einem Schülerwettbewerb des Hamburger Abendblatts, was allerdings nicht ganz der Wahrheit entsprach, da Hauptsponsor BP den Löwenanteil des Millionengehalts übernehmen sollte. HSV-Präsident Dr. Klein über den Vertrag: "Wir haben in den DFB-Vertrag ein Gehalt von 5000 Mark inklusive aller Prämien eingetragen." Prompt folgte ein Anruf von DFB-Vizepräsident Wilfried Straub, der Klein fragte, ob er den DFB veräppeln wolle.

Eine Neiddebatte kam aber nicht auf, denn jeder Mitspieler und jeder Fan erkannte sehr bald die Qualitäten von Beckenbauer. "Ich habe keinen Spieler gesehen, der eine derartige Übersicht über das Spielgeschehen hat", schwärmte Felix Magath. Und zum ersten Heimspiel des HSV mit Beckenbauer erschienen gleich 41.000 Zuschauer, doppelt so viele wie zuvor.

Sein Debüt aber gab er auswärts, im Neckarstadion beim VfB Stuttgart. Beckenbauer sollte zu Beginn der zweiten Halbzeit für Caspar Memering eingewechselt werden, fehlte aber zum Wiederanpfiff. Mancher spottete schon damals, dass er wohl seinen eigenen ganz großen Auftritt haben wolle. Angeblich war er aber bis zuletzt auf der Massagebank, um sich von seinem bayerischen Landsmann Hermann Rieger durchkneten zu lassen.

Die Partie endete 3:2 für Stuttgart, der HSV musste die Tabellenführung an den FC Bayern München abgeben – damals nur für eine Woche, doch am Ende der Saison sollte Beckenbauers alter Club seinen neuen mit vier Punkten Vorsprung auf Platz zwei verweisen. Bei dieser Niederlage zum

Auftakt wurde Beckenbauer selbst von den VfB-Fans gefeiert, Fotografen liefen während des laufenden Spiels auf den Platz, um den besten Schnappschuss vom Weltmeister-Kapitän zu bekommen. "Franz Superstar strahlte über das ganze Gesicht", schrieb die Süddeutsche Zeitung. Ihr Autor urteilte: Beckenbauers verhaltener erster Auftritt müsse "kein Grund zur Skepsis sein, zur Euphorie aber erst recht nicht".

Nach dem Spiel umringten ihn die Reporter. Beckenbauer hatte sich schick gemacht, trug Lederjacke, Bundfaltenhose und Schal – sicher nicht der Aufzug eines gewöhnlichen Bundesligaprofis zu Beginn der Achtziger. "Natürlich habe ich ein bisschen Schiss gehabt", gestand er und grinste dabei.

So ging es weiter. Beckenbauer bot Beckenbauer-Typisches, glänzte mit seinem überragenden Stellungs- und Passspiel, ohne aber eine dominierende Rolle in der Liga ausfüllen zu können wie einst bei den Bayern. Schuld daran war vor allem das Verletzungspech. Seine Bänder waren durch die drei Jahre auf dem Kunstrasen in Nordamerika eh lädiert. Er zog sich bei der Ausführung eines Elfmeters einen Adduktorenriss zu. Und er erlitt zu allem Überfluss einen Nierenriss bei einem Zusammenprall mit HSV-Stürmer Horst Hrubesch im gegnerischen Strafraum – ausgerechnet wieder in einem Spiel gegen den VfB Stuttgart. „Deinetwegen musste ich damals meine Karriere beenden", meinte Beckenbauer später zu Hrubesch im Scherz. Der antwortete dann: „Du hattest da vorne auch nichts zu suchen!"

Hrubesch erzielte in dieser Szene das 1:0, Beckenbauer zog sich die letzte von diversen Verletzungen im Hamburger Trikot zu. Wer weiß, ob er ansonsten nach der Meisterschaft 1982 noch eine dritte Saison bei den Hamburgern drangehängt hätte. Ernst Happel saß mittlerweile auf der Bank des HSV, er wollte Beckenbauer halten. Der aber entgegnete: „Herr Happel, meine Ausfälle waren ein Zeichen des Himmels. Lassen Sie mich aufhören, bevor es peinlich wird."

Letztlich kam Beckenbauer in Hamburg nur auf 28 Einsätze in etwas mehr als eineinhalb Jahren, 18 in der ersten, nur noch zehn in der zweiten Spielzeit. Auch ein Tor blieb ihm nach 60 Treffern für die Münchner verwehrt. Immerhin konnte er mit dem fünften deutschen Meistertitel Hamburg verlassen. Zum Saisonabschluss gegen den Karlsruher SC darf Beckenbauer ein letztes Mal in der Bundesliga für 41 Minuten ran.

Sein endgültiges Abschiedsspiel fand im Volkspark statt und nicht im Münchner Olympiastadion. 2:4 spielte der HSV gegen die deutsche Nationalmannschaft. Beckenbauer traf zuerst (wie insgesamt viermal in seiner Bayern-Zeit) ins eigene Tor zum 0:3-Zwischenstand, auf der Anzeigentafel erschien dieses Tor nicht. „Wenn schon der Mann, der die

Elektronik im Stadion bedient, aus Mitleid deinen Fehler vertuschen will, dann musst du gehen", urteilte der „Kaiser" später.

Aber immerhin sorgte er auch für den 2:4-Endstand, bei dem sein Gegenspieler Uli Stielike und Torwart Toni Schumacher brav Spalier standen. Beckenbauer wurde nach Fritz Walter und Uwe Seeler an diesem Abend zum dritten deutschen Ehrenspielführer ernannt, womit zumindest für diesen Moment der HSV zwei dieser Lichtgestalten in seinen Reihen hatte, der FC Bayern aber gar keine.

Beckenbauer, ein Hamburger Jung? Der gebürtige Münchner gewann die Elbmetropole und ihre Menschen lieb. „Als ich verletzt war, hatte ich das Gefühl, dass die ganze Stadt mit mir leidet. Mich sprachen Leute auf der Straße an, die ich gar nicht kannte, und sagten: ‚Sie schaffen das.' In dieser Form habe ich das nirgendwo erlebt", erzählte er später dem Hamburger Abendblatt.

In München sorgte er geradezu für einen Eklat, als Beckenbauer im Vorfeld der Fußball-WM 2006 beim Eintrag in das Goldene Buch der Hansestadt Hamburg behauptete, Hamburg sei die schönste Stadt Deutschlands. Er löste diesen Konflikt später auf typische Weise auf, indem er Hamburg und München gleichermaßen zur schönsten deutschen Stadt erklärte – damit konnten beide Seiten gut leben.

Und er blieb dem HSV und dem Norden verbunden. Dabei spielte sicher die langjährige Freundschaft zu Uwe Seeler eine Rolle, aber auch die Herkunft seiner dritten Ehefrau Heidi, die aus dem schmucken Domflecken Bardowick unweit von Lüneburg stammt.

Als Beckenbauer drei Jahre nach der Heim-WM wie alle DFB-Präsidiumsmitglieder einem Verein seiner Wahl ein Minispielfeld spendieren durfte, schenkte er dieses Projekt dem TSV Deutsche Eiche Bardowick und war sogar bei der Einweihung höchstpersönlich anwesend. Das größte Ereignis in der Geschichte des Domfleckens mindestens seit der Belagerung durch Sachsenherzog Heinrich der Löwe. Ein kleiner Bardowicker fragte den Kaiser bei der Platzübergabe nach seinem Lieblingsverein. Dessen Antwort dürfte zumindest den HSV-Anhängern nicht gefallen haben: „Gibt's außer dem FC Bayern überhaupt noch einen Verein?"

Statistik zu Franz Beckenbauer:

Geboren: 11. September 1945 in München; † 7. Januar 2024 in Salzburg
455 Bundesligaspiele (60 Tore) für Bayern München und den Hamburger SV
103 Länderspiele (14 Tore)
Erfolge als Spieler: Weltmeister 1974, Vize-Weltmeister 1966, Europameister 1972, Vize-Europameister 1976, Europapokal der Landesmeister 1973/74, 1974/75, 1975/76, Weltpokal 1976, Deutscher Meister 1971/72, 1972/73, 1973/74, 1981/82, DFB-Pokal-Sieger 1970/71
Erfolge als Trainer: Weltmeister 1990, Vize-Weltmeister 1986 (Deutsche Nationalmannschaft), UEFA-Pokal-Sieger 1995/96, Deutscher Meister 1994 (FC Bayern München), Französischer Meister 1991 (Olympique Marseille)

Sportschau-Video: Als „Kaiser" Beckenbauer zum HSV kam

„Krokodil in der Isar!": Als der FC Bayern seine ersten Brasilianer verpflichtete – und die verheerendste Saison aller Zeiten erlebte

Von Rüdiger Fröhlich

In aller Früh ging die Floßfahrt des FC Bayern los. Die Münchner hatten im Frühsommer 1991 16,3 Millionen Deutsche Mark für neue Spieler investiert – so viel wie nie zuvor. Vom Meister Kaiserslautern kam Stürmer Bruno Labbadia, für die Verteidigung holte der Vizemeister FCB Oliver Kreuzer vom KSC und Thomas Berthold vom AS Rom sowie Markus Babbel (eigene Jugend). Das Mittelfeld sollte Jan Wouters von Ajax Amsterdam verstärken. Das Ziel war klar: Ein Titel ist Pflicht, zwei oder drei wären besser. Mittags erreichte der Bayern-Tross mit dem Floß ein gutes Restaurant an der Isar. Dort stieß ein weiterer Stareinkauf direkt vom Münchner Flughafen zum Team. Der Samba-Kicker Bernardo Fernandes Da Silva – kurz Bernardo. Er und sein dazu verpflichteter Stürmer Waldemar Aurelio de Olivera Filho, genannt Mazinho, waren die ersten zwei Brasilianer in Reihen des FC Bayern München und sollten in der Liga für Zauberfußball sorgen und Angst und Schrecken verbreiten.

„Lasst mir den Bernardo in Ruhe. Er ist das erste Mal in Europa", soll Manager Uli Hoeneß vor der legendären Floßfahrt gesagt haben. Und was tat Klaus Augenthaler, neu von Jupp Heynckes ins Trainerteam geholt? Auge schupste den neuen Bayern-Brasilianer in seinem schicken Anzug vom Floß in den Fluss und schrie wie wild: „Crocodiles, Crocodiles!" Bernardo soll nach Bayern-Angaben so schnell wie Mark Spitz um sein Leben geschwommen sein – immerhin siebenmaliger Olympiasieger. Dieser Reinfall sollte in dieser Saison aber nicht der letzte gewesen sein, sondern Sinnbild für den wohl schlechtesten FC Bayern aller Zeiten.

Kennen Sie den Verein Boldklubben 1903? Oder den damaligen Zweitligisten FC 08 Homburg? Können Sie sich vorstellen, dass der FC Bayern zu Hause mit 1:4 gegen Stuttgart verliert – und zwar gegen die Kickers? Oder zum Saisonauftakt im heimischen Olympiastadion eine Pleite gegen Hansa Rostock kassiert? Sie denken an die Bayern-Amateure? Von wegen!

Für die Mannschaft von Meistertrainer Jupp Heynckes setze es in der Saison 1991/92 Blamagen über Blamagen. Die Bayern verloren in der zweiten Runde des UEFA-Pokals mit 2:6 gegen Boldklubben – und schieden gegen den krassen Außenseiter aus Dänemark sang- und klanglos aus. Im DFB-Pokal verloren sie in München gegen die zweitklassigen Saarländer aus Homburg mit 2:4 in der zweiten Runde, nach einem Freilos. Zwei Mazinho-Tore retteten die Bayern zwar noch in die Verlängerung, doch auch dort war der FC Homburg klar besser und siegte verdient. „Nach dem Spiel saßen wir in der Kabine und konnten selbst nicht glauben, dass wir gewonnen haben", sagte Homburgs Rodolfo Esteban Cardoso nach der Pokal-Sensation. Da waren gleich zu

Beginn der Saison schon zwei mögliche Titel futsch. Zusätzliches Problem: Auch in der Bundesliga lief es kaum besser. Nach einem 1:1 bei Werder Bremen setzte es gleich am zweiten Spieltag die erste heftige Heimpleite beim 1:2 gegen Hansa Rostock. „Heynckes raus", forderten schon so früh einige im Stadion das Aus des Startrainers. Es folgten aber in Düsseldorf (entscheidendes 1:0-Tor durch Mazinho), gegen Schalke und in Dresden drei Bayern-Siege in Folge, und es schien in der Bundesliga wieder etwas Normalität einzukehren.

Dann kam aber eine englische Woche, mit einem Heimspiel am Mittwoch, den 28. August. Gegner: der VfL Bochum. Heiko Bonan (59.) und Frank Benatelli (80.) schossen den VfL zum Sieg – und den FC Bayern in die nächste Krise. Auch der eingewechselte Bernardo konnte die erneute Heimblamage nicht mehr verhindern. Nach einigen mittelmäßigen Auftritten und einer knappen Niederlage beim Hamburger SV kam es am 12. Spieltag zum erneuten Heimdebakel und zum Super-GAU. Der FC Bayern verlor mit 1:4 gegen Stuttgart – und zwar nicht gegen den VfB, sondern gegen die Kickers.

Der FC Bayern rutschte auf Platz 12 ab mit nur 12:12 Punkten und einer Tordifferenz von minus 2 (15:17 Tore). Nur noch drei Punkte trennten die Münchner vom Tabellen-17., Wattenscheid 09. Bayern-Manager Uli Hoeneß wusste, es geht jetzt tatsächlich gegen den Abstieg, und zog die Reißleine. Am 8. Oktober feuerten die Bayern Meistertrainer

Jupp Heynckes – Sören Lerby und Hermann Gerland übernahmen das sportliche Kommando. „Der Druck von außen wurde immer größer", sagte Hoeneß über die Entlassung seines „Freundes" Jupp Heynckes. Angeblich soll Hoeneß sogar Detektive engagiert haben, um die Münchner Starspieler zu überwachen. Doch die Spielzeit der Pleiten und Pannen des großen FCB ging weiter, teils kam auch noch Pech dazu. Stammtorwart Raimund Aumann erlitt einen Kreuzbandriss und fiel früh in der Saison aus. Sein Vertreter, Gerald Hillringhaus, war aber nur ein schwacher Ersatz. Es kam zu einer spektakulären Neuverpflichtung: Raimund Aumann rief den Ex-Nationaltorwart Toni Schumacher (37) spontan nach seinem Karriereende in Istanbul an und bat ihn um Hilfe. "Mein erster Impuls war, 'Hurra' ins Telefon zu schreien. Denn obwohl ich meine Fußballschuhe gerade an den Nagel gehängt hatte, war ich innerlich noch mit Leib und Seele Fußballprofi", erklärte Schumacher bei Goal und SPOX. Kurz danach besiegelte Schumacher „per Handschlag" einen Vertrag mit Manager Uli Hoeneß in München.

Im Oktober 1991 wurden zudem in der großen sportlichen Not zwei neue Vizepräsidenten beim FC Bayern installiert, Franz Beckenbauer (46) und Karl-Heinz Rummenigge (36). In den Medien mussten die Münchner trotzdem ungewohnt viel Spott und Häme über sich ergehen lassen. „Beckenbauer und Rummenigge würden dem Team besser auf dem Platz helfen – genau wie Trainer Sören Lerby", ätzte zum Beispiel Schalkes damaliger Manger Günther Netzer im „Spiegel". Der Brasilianer Bernardo sorgte für den nächsten

Paukenschlag: Er hatte sich von seinem Reinfall in die Isar offenbar nie mehr richtig erholt, kam nur zu vier Einsätzen in der Bundesliga sowie einem im UEFA-Pokal und verließ die Münchner Hals über Kopf schon ein paar Monate später wieder im Oktober 1991.

Am 28. Oktober stand Toni Schumacher tatsächlich erstmals im Kasten des FC Bayern und hielt sein Tor beim 3:0-Erfolg gegen Borussia Mönchengladbach sauber. Doch auch mit dem neuen jungen Trainer Sören Lerby, den zwei neuen Vizepräsidenten und neuem Startorwart blieb der Erfolg weiter aus. Unter Lerby setzte es gleich direkt zwei weitere Pleiten mit Niederlagen gegen Borussia Dortmund und den VfB Stuttgart, der erste Abstiegsplatz ist nur noch ein Punkt entfernt. Das Abstiegsgespenst reiste nun mit der Münchner Starmannschaft um Trainer Lerby mit, von jedem Heim- zum Auswärtsspiel.

Nach einer bösen 0:4-Klatsche auf dem Betzenberg beim 1. FC Kaiserslautern wird auch Sören Lerby als Bayern-Coach rausgeschmissen. Seine desaströse Bilanz: 4 Siege, 5 Unentschieden und 6 Niederlagen. Lerby ist damit in die Bundesligageschichte des FC Bayern eingegangen als einziger Chefcoach mit einer negativen Bilanz.

Es folgte mit Erich Ribbeck (Ja, genau der!) der bereits dritte Bayern-Trainer in nur einer Saison. Die chaotische Bayern-Saison ging jedoch auch unter Ribbeck weiter, auch wenn er zumindest für ein wenig mehr Stabilität sorgte. Meist hatten die Bayern im Laufe der Restsaison zumindest drei, vier Punkte Vorsprung vor den Abstiegsplätzen. Die wohl verheerendste Bayern-Spielzeit mit den Trainern Jupp Heynckes, Sören Lerby und Erich Ribbeck endete auf Platz 10. 61 Gegentore und 15 Niederlagen setzte es damals für die Bayern, mit einer Tordifferenz von 59:61 hatten die Münchner zum bislang letzten Mal eine negative, seither ist sie immer zweistellig positiv.

Der langjährige Kicker Chefreporter Karlheinz Wild urteilte über den FC Bayern im Podcast Nachspiel: „Es war eine Saison spannend und lustig wie unsere liebsten Kinderbücher: Uli und die Detektive, Bernardo und die Vorstadtkrokodile oder Erich, Chief of Rumpelfüßler."

Statistik zur Saison des FC Bayern München 1991/92:

Bundesliga: 10. Platz, 49 Punkte, 59:61 Tore
Europa League: 2. Runde
DFB-Pokal: 2. Runde

Sportstudio-Video bei Youtube: 1991/92 FC Bayern München – FC Homburg 2:4 n.V. (DFB-Pokal)

Wussten Sie, dass Uwe Seeler seinem HSV einmal doch untreu wurde? Oder dass die Hamburger tatsächlich mal auf die Deutsche Meisterschaft verzichtet haben? Kennen Sie Tull Harder vom HSV, den vielleicht besten Stürmer aller Zeiten? Erinnern Sie sich an den Sushi-Bomber und die »Invasion« von japanischen Reportern im Volksparkstadion? Kennen Sie die unglaubliche Geschichte von der Nackt-Po-Rutschbahn beim Hamburger SV? Oder die Story um den »Schweiger«, der alle sieben HSV-Titel seit Gründung der Bundesliga gewonnen hat? Erinnern Sie sich noch an den Hoyzer-Skandal im DFB-Pokal? Oder an die legendäre Papierkugel? Kennen Sie die drei HSV-Weltmeister, die kaum jemand auf dem Zettel hat? Nein? Dann sollten Sie sich dieses kleine Büchlein mit elf unfassbaren Geschichten über den HSV nicht entgehen lassen.

Das Buch liefert zu den elf unglaublichen HSV-Storys interessante Statistiken sowie QR-Codes mit Video-Links, die das HSV-Buch zusätzlich »lebendig« machen.

Taschenbuch: 72 Seiten

- **Preis:** 6,99 Euro
- **E-Book:** 2,99 Euro

Kennen die unglaubliche Geschichte vom blauen Armband von Darmstadt 98? Erinnern Sie sich an den Bundesliga-Schiri, der nach 32 Minuten zur Halbzeit pfiff?

Taschenbuch: 56 Seiten

- **Preis:** 4,99 Euro
- **E-Book:** 2,99 Euro

Wussten Sie, dass ein deutsches Bundesland mal eine eigene Nationalmannschaft hatte? Oder, dass ein Kicker aus der 8. Liga plötzlich zum 20-Millionen-Stürmer wurde?

Taschenbuch: 60 Seiten

- **Preis:** 4,99 Euro
- **E-Book:** 2,99 Euro

Wussten Sie, dass der erste Präsident vom FSV Mainz 05 ermordet wurde? Kennen Sie die beiden Eckball-Könige der Bundesliga, die acht Ecken direkt verwandelt haben?

Taschenbuch: 68 Seiten

- **Preis:** 5,99 Euro
- **E-Book:** 2,99 Euro